DERGUGL

Bunte Gugl-Welt

Süße Backideen für die Kleinen und Großen

südwest

Inhalt

Gugl-Deko-Fun

Alles, was den Gugl schöner macht, habe ich Tattoo genannt und gleich im ersten Kapitel ausführlich beschrieben.

Motto-Gugl

Die Wandlungsfähigkeit eines Gugl ist enorm. Oder hätten Sie gedacht, dass ein Gugl Monster, Prinzessin oder Fußball sein kann?

Cookie-Gugl

Nascher, die Cookies lieben, haben ganz klare Ansprüche: Vanille, Karamell, Schokotröpfchen. Und sie wollen den etwas mürberen Plätzchenteig, der so schön krümelt.

Gugl hoch zwei

Eis-Pops, saure Gummis, Popcornspieße: Hätten Sie gewusst, dass sich hinter diesen fröhlich-verführerischen Namen feine Gugl verbergen?

5 Finger, 5 Sinne, 5 Gugl-Backbücher

Es wirkt fast wie ein Naturgesetz: Aller guten Dinge sind fünf. Und obwohl es für mich selbst fast unglaublich klingt: »Bunte Gugl-Welt« ist schon das fünfte Gugl-Backbuch in ebenso vielen Jahren. Nummer eins waren die Klassiker, zwei waren die SchokoGugl, als Drittes kam das PartyGugl-Backbuch, dann die Fest-Gugl, und nun – last, but not least – kommt die »Bunte Gugl-Welt«. Erneut mit vielen köstlichen, fantastischen und witzigen Ideen, die ich diesmal zusammen mit meiner Backfreundin Kim entwickelt habe. Sie sind fein abgestimmt auf die geheimen und weniger geheimen Wünsche der Kleinen. Und dieses Buch beweist aufs Neue: Das kleine Glück der Eltern – ihre Kinder – ist ganz besonders begeistert vom kleinen Glück, dem Gugl. Kinder lieben Gugl umso mehr, wenn er mit viel Kreativität zum großen Vergnügen für alle Sinne wird. Die fröhlichen Farben, der unwiderstehliche Duft, der feine Geschmack, die herrlich kühlen, heißen, bunten, flutschigen und klebrigen Ideen und die unüberhörbare, glückliche Begeisterung der kleinen Gugl-Fans werden Sie schon spüren, wenn Sie das Buch nur durchblättern. Freuen Sie sich auf eine wunderbare Zeit mit Kindern in Ihrer Backküche.

Das fünfte Backbuch, »Bunte Gugl-Welt«, wird das Abschlussfeuerwerk meiner Gugl-Backbuchserie sein. Der Grund: Wie alle guten Bäcker und Kreativen zieht es auch mich zu neuen Rezepten und Ideen. Ich habe viele Pläne, die alle mit meiner geliebten Backküche zu tun haben. Manche werde ich wahrscheinlich im Laufe der Zeit aufgeben, andere werden Feinschmecker und Naschprofis genauso begeistern wie der Gugl. Um ausreichend Zeit und Fantasie für Neues zu gewinnen, habe ich alle Fünfe gerade sein lassen und mich von meiner Manufaktur, DerGugl, getrennt. Ich habe mein Kind, den Gugl, weitergegeben in bekannte, erfahrene und zuverlässige Hände. Und ich bin sicher, der Gugl bleibt, was er ist: ein kleines, feines, kreatives Glück.

Süße Grüße!
Ihre Chalwa Heigl

Kinderspiel

Dieses Rezeptbuch zum Selbergugln habe ich aus gutem Grund »Bunte Gugl-Welt – Süße Backideen für die Kleinen und Großen« genannt. Denn zum einen sind die Rezepte ein Kinderspiel für alle, die gerne backen. Zum anderen habe ich sehr viel Wert darauf gelegt, dass besonders Kinderherzen höher schlagen, wenn die fröhlichen Kreationen aus dem Backofen oder Kühlschrank kommen. Und je mehr Kids dabei sind, desto fröhlicher und lauter wird der Begeisterungssturm...

Zusätzlich zu den Rezepten sind die Gugl-Tattoos eine neue Erfindung; mit der beiliegenden Form können Sie viele lustige Gugl-Tattoos sehr einfach selbst herstellen. Mit gefärbtem Marzipan oder mit Schokolade – einfach einfüllen und ab in den Kühlschrank. Wenn die kleinen Tattoos fertig sind, lassen sie sich ohne Probleme mit etwas Zuckerguss an den Gugl »kleben«. Die Tattoo-Form spülen Sie anschließend mit heißem Wasser aus und stellen sie keinesfalls in die Spülmaschine. So haben Sie lange Spaß an ihr. Möglicherweise ist die »Bunte Gugl-Welt« Ihr erstes Gugl-Rezeptbuch, und Sie haben noch keine Original-Gugl-Silikonbackform – die war den ersten drei Gugl-Rezeptbüchern beigelegt. Sie können außer der Originalform auch andere benutzen, müssen aber eventuell bei den Zutaten ein wenig rechnen oder zur Probe backen, damit Sie die korrekten Mengen herausfinden.

Los geht's – die gruseligen Monster im zweiten Kapitel warten schon. Oder Sie starten mit Kapitel drei, den Cookie-Gugl, die Ihre ganze Familie zu Krümelmonstern werden lassen. Auch ich

Kinder lieben es süß, bunt, lustig. Die Tattoos für die fröhliche Party sind das Tüpfelchen auf dem Gugl und geben Halloween & Co. den gewissen Geschmack.

liebe Gugl aus Plätzchenteig als köstliche Abwechslung, seit ich sie zum ersten Mal gebacken habe. Und während die Cookie-Gugl im Backofen schwitzen, lassen Sie gleichzeitig Eis-Gugl in der Tiefkühltruhe festfrieren. Die Rezepte für Eis- und Fruchtgummi-Gugl finden Sie im vierten Kapitel. »Ja, aber ...« denken Sie jetzt vielleicht gerade, »... gibt es denn keine besonderen Kinder-Geburtstags-Gugl?« Selbstverständlich: Ich habe mir eine tolle Geburtstagsüberraschung ausgedacht — den Gugl-Geburtstagskuchen in bunten Regenbogenfarben. Sie werden begeistert sein. Auf den nächsten Seiten finden Sie das Rezept.

Ob gefärbtes Marzipan oder Schokolade — Masse in die Tattoo-Form drücken bzw. füllen, in den Kühlschrank stellen und anschließend vorsichtig herausklopfen oder -drücken. Und die Form bitte per Hand spülen.

Das Rezept zum Bild
finden Sie auf Seite 10.

Regenbogen-Gugl-Geburtstagskuchen

Für ca. 125 Gugl

20 g Butter für die Form
325 g Butter
325 g Puderzucker
2 Päckchen Vanillezucker
7 Eier
3 Eigelb
535 g Mehl
175 g weiße Schokolade
575 g Zitronenjoghurt
Abrieb und Saft von 1 Biozitrone

Für die Dekoration

Lebensmittelfarben
(lila, blau, dunkelgrün, hellgrün, rot, pink, orange, gelb)
60 g weiße Kuvertüre

ZUBEREITUNGSZEIT:
ca. 35 Minuten plus Backzeit

SCHWIERIGKEITSGRAD: mittel

1 Die Zutaten vor der Zubereitung auf Zimmertemperatur bringen. Gugl-Form mit Butter ausstreichen. Den Backofen auf 210 °C Ober-/Unterhitze vorheizen.

2 Butter zerlassen und den gesiebten Puderzucker mit dem Vanillezucker verrühren. Eier und Eigelb zugeben und alles zusammen glatt rühren. Das Mehl sieben und unter die Masse heben. Die weiße Schokolade mit einem Messer in kleine Würfel hacken und mit dem Zitronenjoghurt in den Teig einrühren. Den Abrieb der Zitrone und ihren Saft in den Teig geben und gut umrühren.

3 Den Teig folgendermaßen in 9 Teile aufteilen:

690 g lila (ca. 38 Gugl)
450 g blau (ca. 25 Gugl)
420 g dunkelgrün (ca. 23 Gugl)
220 g hellgrün (ca. 12 Gugl)
180 g rot (ca. 10 Gugl)
150 g pink (ca. 8 Gugl)
95 g orange (ca. 5 Gugl)
60 g gelb (ca. 3 Gugl)
20 g nicht einfärben (1 Gugl)

4 Gefärbte Teige nacheinander in die Vertiefungen der Gugl-Form füllen und im vorgeheizten Backofen im unteren Drittel ca. 15 Minuten backen. Anschließend aus dem Ofen nehmen, abkühlen lassen und den Backvorgang so lange wiederholen, bis alle Gugl gebacken sind.

5 Die weiße Kuvertüre im Wasserbad schmelzen und in die gewünschten Gugl-Tattoos der Tattoo-Form füllen. Kalt stellen.

6 Auf der gewünschten und ausreichend großen Unterlage (z.B. bunte Platte, Platte mit Tortenspitze etc.) den Kuchen nach den verschiedenen Farben schichten (siehe Foto Seite 8). Dazu von einem Gugl in der Mitte beginnend die bunten Gugl kreisförmig aneinanderreihen und nach oben zu einem Kegel aufeinanderschichten. Die oberen Gugl mit den aus der Form gedrückten Gugl-Tattoos dekorieren. Anschließend nach Möglichkeit (!) den Kindergeburtstag einfach nur noch genießen.

Tipp Stellen Sie die Regenbogen-Gugl zum Auskühlen für mindestens 15 Minuten ins Kalte, sonst besteht die Gefahr, dass sie aneinanderkleben. Anschließend die Gugl-Silikonform umdrehen und die Gugl vorsichtig herausklopfen.

Dieser Gugl-Geburtstagskuchen ist natürlich kein normaler Kuchen. Es ist die guglige Feierinterpretation — feine, kleine, bunte Gugl für viele Kindermünder.

Gugl-Deko-Fun

Der Gugl, das kleine Glück, ist ziemlich perfekt, da sind sich Genießer einig. Weil man das kleine Glück kaum verbessern kann, habe ich mich dem Drumherum zugewandt. Und da ist noch einiges möglich. Mit Hilfe der diesem Buch beigelegten Tattoo-Form lassen sich kleine Tattoos herstellen, mit denen feine Gugl nach Lust und Motto verziert werden können. Und sie schmecken auch noch, was von normalen Tattoos bisher nicht bekannt war. Kinder lieben Gugl, lieben Tattoos und lieben die Rezepte auf den nächsten Seiten.

Glitter-Gugl

Für 18 Gugl

20 g Butter für die Form
40 g Mehl
50 g Zucker
¼ Päckchen Vanillezucker
½ TL Backpulver
1 Prise Salz
80 ml Milch
40 g Butter
1 Ei
2–3 EL Götterspeisenpulver

Für die Dekoration

75 g weiße Schokolade
55 g Butter
125 g Puderzucker
rote Lebensmittelfarbe
60 g Marzipanrohmasse
essbarer roter Glitzer

ZUBEREITUNGSZEIT:
ca. 25 Minuten plus Backzeit

SCHWIERIGKEITSGRAD: leicht

Dieses Rezept finden Sie auf Seite 12 abgebildet.

1 Die Zutaten vor der Zubereitung auf Zimmertemperatur bringen. Gugl-Form mit Butter ausstreichen. Den Backofen auf 210 °C Ober-/Unterhitze vorheizen.

2 Mehl, Zucker, Vanillezucker, Backpulver und Salz vermischen. Nach und nach die Milch dazugeben. Anschließend die weiche Butter, Ei und Götterspeisenpulver zu einem glatten Teig verarbeiten. Die Masse in einen Spritzbeutel geben und die Gugl-Formen zu etwa ¾ befüllen. Im Backofen etwa 12 Minuten backen. Danach auskühlen lassen und vorsichtig aus den Formen klopfen.

3 Für die Dekoration die Schokolade im Wasserbad schmelzen und abkühlen lassen. Butter und Puderzucker in einer Schüssel zu einer cremigen Masse schlagen. Den Großteil der Lebensmittelfarbe in die Schokolade geben und dann mit dem Butter-Puderzucker-Mix zu einer homogenen Masse verrühren. Creme in einen Spritzbeutel füllen und kurz kalt stellen, bis eine gewisse Festigkeit erreicht ist.

4 Marzipan mit etwas roter Lebensmittelfarbe vermischen, die gewünschten Gugl-Tattoos damit befüllen und kalt stellen.

5 Gugl auf den Kopf stellen, Creme kreisförmig von der Mitte beginnend nach außen gehend aufspritzen. Mit Glitzer bestäuben und zum Schluss die Gugl-Tattoos in die Creme stecken.

Tipp Sie können den Teig auch aufteilen, die Gugl mit verschiedenen Farben backen und dem entsprechenden Glitter bestäuben.

Gugl Ahoj-Brause

1 Die Zutaten vor der Zubereitung auf Zimmertemperatur bringen. Gugl-Form mit Butter ausstreichen. Den Backofen auf 210 °C Ober-/Unterhitze vorheizen.

2 Butter schmelzen, mit dem Puderzucker cremig schlagen, das Ei dazugeben und alles zu einer schaumigen Masse rühren. Zitronenabrieb mit dem -saft und dem Joghurt in den Teig rühren.

3 Mehl unterheben und gut verrühren. Den Teig auf 3 Schüsseln aufteilen und jeweils mit Brause mischen. Ca. die Hälfte der Tütchen verwenden, abschmecken und eventuell mehr Pulver einrühren, bis der Geschmack zur Geltung kommt. Mit den passenden Lebensmittelfarben ergänzen. Teig mit einem Spritzbeutel in die Gugl-Formen füllen und im Backofen im unteren Drittel ca. 15 Minuten backen. Danach abkühlen lassen und herausklopfen.

4 Für die Dekoration die Marzipanrohmasse dritteln und mit Lebensmittelfarben einfärben. Gewünschte Tattoo-Formen mit der Marzipanmasse befüllen und kurz in den Gefrierschrank stellen, damit sich die Tattoos einfacher herausklopfen lassen.

5 Die Gugl mit einer Mischung aus etwas Puderzucker und Brausepulver bestreuen. Zum Schluss die Gugl-Tattoos auflegen.

Tipp Die Gugl-Tattoos halten besser, wenn man die Gugl mit einem Zitronenguss überzieht. Dafür etwas Puderzucker, Zitronensaft oder Wasser vermengen, bis eine zähe Flüssigkeit entstanden ist. Auf die Gugl träufeln und die Tattoos aufkleben.

Für 18 Gugl

20 g Butter für die Form
60 g Butter
60 g Puderzucker
1 Ei
½ TL Abrieb von 1 Biozitrone
etwas Zitronensaft
70 g Joghurt
90 g Mehl
3 Tütchen Ahoj-Brause® in verschiedenen Geschmacksrichtungen
Lebensmittelfarben (grün, orange, rot)

Für die Dekoration

60 g Marzipanrohmasse
Lebensmittelfarben (grün, orange, rot)
10 g Puderzucker
¼ Tütchen Ahoj-Brause®

ZUBEREITUNGSZEIT: ca. 30 Minuten plus Backzeit

SCHWIERIGKEITSGRAD: leicht

Dieses Rezept finden Sie auf Seite 12 abgebildet.

Karotte-Mandel-Zitronen-Gugl

Für 18 Gugl

20 g Butter für die Form
65 g Karotten
1 Ei
70 g Puderzucker
1 TL Vanillezucker
½ TL Zimtpulver
½ TL Abrieb und 1 EL Saft
von 1 Biozitrone
30 g Mehl
75 g gemahlene Mandeln

Für die Dekoration

60 g Marzipanrohmasse
gelbe Lebensmittelfarbe
80 g Butter
80 Puderzucker
Zitronenaroma
80 g Frischkäse
30 g Kokosflocken

ZUBEREITUNGSZEIT:
ca. 20 Minuten plus Backzeit

SCHWIERIGKEITSGRAD: leicht

1 Die Zutaten vor der Zubereitung auf Zimmertemperatur bringen. Gugl-Form mit Butter ausstreichen. Den Backofen auf 210 °C Ober-/Unterhitze vorheizen.

2 Karotten putzen, schälen und fein reiben. Ei, Puderzucker, Vanillezucker, Zimt, Zitronenabrieb und -saft schaumig rühren. Mehl, gemahlene Mandeln und Karotten in den Teig geben und alles zu einer glatten Masse verrühren.

3 Teig in die Gugl-Form füllen und im vorgeheizten Backofen im unteren Drittel ca. 12 Minuten backen. Anschließend aus dem Ofen nehmen, abkühlen lassen und herauslösen.

4 Für die Dekoration die Marzipanrohmasse mit der Lebensmittelfarbe verrühren und in die gewünschten Gugl-Tattoos drücken. Kalt stellen, damit sie sich besser wieder herauslösen lassen.

5 Für die Creme die Butter mit dem Puderzucker weißlich-cremig rühren. Zitronenaroma hinzufügen. Abschmecken. Den Frischkäse sehr kurz auf niedriger Stufe in die Buttermasse rühren. Auf den umgedrehten Gugl je eine Cremekuppel formen und mit Kokosflocken und Gugl-Tattoos verzieren.

Tipp Die gemahlenen Mandeln im Teig kann man auch durch Kokosflocken ersetzen. Schmeckt köstlich!

16

Schoko-Bananen-Gugl

1 Die Zutaten vor der Zubereitung auf Zimmertemperatur bringen. Gugl-Form mit Butter ausstreichen. Den Backofen auf 210 °C Ober-/Unterhitze vorheizen.

2 Butter, Puderzucker und Ei cremig schlagen. Das Mehl mit den gemahlenen Mandeln mischen und unter die Masse heben. Die Banane mit einer Gabel zerdrücken, unterheben und mit der Sahne und den Schokostreuseln in den Teig einrühren.

3 Teig gleichmäßig bis zum oberen Rand der Formvertiefungen mit einem Spritzbeutel einfüllen. Im vorgeheizten Backofen im unteren Drittel 15 bis 20 Minuten backen. Anschließend aus dem Ofen nehmen, abkühlen lassen und aus der Form klopfen.

4 Für die Dekoration die Vollmilchkuvertüre im Wasserbad erhitzen. Sobald sie flüssig ist, die Schokolade in die gewünschten Gugl-Tattoos einfüllen und kalt stellen.

5 Die Zartbitterkuvertüre im Wasserbad schmelzen. Die Schokolade ganz abkühlen lassen. Butter, Puderzucker, Kakaopulver, Frischkäse und die Zartbitterschokolade schnell luftig aufschlagen. Falls die Creme zu flüssig ist, für ein paar Minuten in den Kühlschrank stellen.

6 Gugl umdrehen, die Creme kreisförmig auftragen, mit Zuckerstreudekor bestreuen und die Gugl-Tattoos hineinstecken.

Tipp Für Erwachsene kann man die Creme auch mit Mokkageschmack machen: einfach 1 Teelöffel starken Kaffee hinzufügen.

Für 18 Gugl

20 g Butter für die Form
50 g Butter
50 g Puderzucker
1 Ei
50 g Mehl
40 g gemahlene Mandeln
70 g reife Banane
2 EL Schlagsahne
30 g Schokostreusel

Für die Dekoration

60 g Vollmilchkuvertüre
90 g Zartbitterkuvertüre
75 g Butter
20 g Puderzucker
5 g Kakaopulver
40 g Frischkäse
Zuckerstreudekor

ZUBEREITUNGSZEIT:
ca. 30 Minuten plus Backzeit

SCHWIERIGKEITSGRAD: leicht

Peanutbutter-Schoko-Gugl

Für 18 Gugl

20 g Butter für die Form
30 g Butter
55 g Puderzucker
1 Prise Salz
15 g Kakaopulver
1 Ei
40 g Erdnussbutter
50 g gehackte Haselnüsse
55 g Zartbitterschokolade

Für die Dekoration

60 g Zartbitterschokolade
1 reife Banane
Karamellsauce
Puderzucker

ZUBEREITUNGSZEIT:
ca. 20 Minuten plus Backzeit

SCHWIERIGKEITSGRAD: leicht

1 Die Zutaten vor der Zubereitung auf Zimmertemperatur bringen. Gugl-Form mit Butter ausstreichen. Den Backofen auf 210 °C Ober-/Unterhitze vorheizen.

2 Butter, gesiebten Puderzucker, Salz, Kakaopulver, Ei, Erdnussbutter und Haselnüsse zu einem glatten Teig verrühren. Die Zartbitterschokolade in feine Stücke hacken und unter die Masse heben.

3 Teig mit einem Spritzbeutel in die Gugl-Form füllen. Vertiefungen zu ¾ befüllen. Im vorgeheizten Backofen etwa 13 Minuten backen. Anschließend aus dem Ofen nehmen, abkühlen lassen und herauslösen.

4 Für die Dekoration die Zartbitterkuvertüre im warmen (nicht kochenden!) Wasserbad flüssig werden lassen. Die gewünschten Gugl-Tattoos damit befüllen und kalt stellen.

5 Die Banane in 18 Scheiben schneiden. Die Gugl mit Karamellsauce beträufeln. Je 1 Bananenscheibe auf die Gugl legen. Gugl-Tattoos in die Banane stecken. Mit Puderzucker bestäuben.

Tipp Die Peanutbutter-Gugl als Nachspeise servieren und mit Karamellsauce beträufeln. Schmeckt köstlich und passt perfekt zusammen! Ganz fleißige Bäcker rühren die Karamellsauce selbst an (Rezept siehe Seite 60).

Buttermilch-Orangen-Gugl

1 Die Zutaten vor der Zubereitung auf Zimmertemperatur bringen. Gugl-Form mit Butter ausstreichen. Den Backofen auf 210 °C Ober-/Unterhitze vorheizen.

2 Butter und Puderzucker schaumig verrühren. Das Ei untermengen. Mehl, Backpulver, Salz und Zimt in einer extra Schüssel vermischen und unter den Teig rühren.

3 Buttermilch, Orangenabrieb und -saft untermengen und alles zu einem cremigen Teig rühren. Den Teig in die Gugl-Formen fast bis zum Rand einfüllen.

4 Im unteren Drittel des Ofens ca. 14 Minuten backen. Kurz auskühlen lassen, dann aus der Form lösen.

5 Für die Dekoration die Butter mit dem Puderzucker und dem Orangenaroma weiß-cremig rühren. Den Frischkäse nur ganz kurz auf niedriger Stufe unter die Buttermasse rühren. Rührt man zu lange, gerinnt der Frischkäse.

6 Die Creme in einen Spritzbeutel füllen und dekorativ auf die umgedrehten Gugl spritzen. Mit bunten Brauseringen verzieren.

Tipp Falls die Creme zu flüssig ist, einfach 20 Minuten in den Kühlschrank stellen.

Für 18 Gugl

20 g Butter für die Form
35 g Butter
55 g Puderzucker
1 Ei
70 g Mehl
½ TL Backpulver
1 Prise Salz
¼ TL Zimtpulver
45 ml Buttermilch
Abrieb und Saft von 1 Bioorange

Für die Dekoration

80 g Butter
80 g Puderzucker
Orangenaroma
80 g Frischkäse
Brauseringe

ZUBEREITUNGSZEIT:
ca. 30 Minuten plus Backzeit

SCHWIERIGKEITSGRAD: leicht

Motto-Gugl

Wenn ein Kind einen kleinen Froschkönig sieht,
der sattgrün gute Laune verströmt, dann leuchten
die Augen. Und wenn der Froschkönig dann nicht
nur süß aussieht, sondern auch so schmeckt, dann
wird aus einem kleinen Glück auch schnell mal
ein großes. In diesem Kapitel werden Gugl zu
grünen Tieren, bunten Monstern und eleganten
Märchenfiguren. Und das Beste: Sie alle schmecken
so gut, wie Gugl nur schmecken können.

Prinzessinnen-Gugl

Für 18 Gugl

20 g Butter für die Form
60 g Butter
60 g Puderzucker
1 Ei
30 g Joghurt
1 TL Abrieb von 1 Biozitrone
etwas Zitronensaft
80 g Mehl
45 g getrocknete Aprikosen

Für die Dekoration

3 Blatt Gelatine
200 g Schlagsahne
weißer Fondant
rote Lebensmittelfarbe
Stärkepulver
18 goldene Zuckerperlen
rosa Dekorzucker

ZUBEREITUNGSZEIT:
ca. 30 Minuten plus Backzeit

SCHWIERIGKEITSGRAD: mittel

Dieses Rezept finden Sie
auf Seite 24 abgebildet.

1 Die Zutaten vor der Zubereitung auf Zimmertemperatur bringen. Gugl-Form mit Butter ausstreichen. Den Backofen auf 210 °C Ober-/Unterhitze vorheizen.

2 Butter schmelzen, mit Puderzucker, Ei, Joghurt, Zitronenabrieb und -saft verrühren. Mehl unterheben, die Aprikosen klein hacken und in die Masse rühren.

3 Teig mit einem Spritzbeutel in die Gugl-Form füllen und im vorgeheizten Backofen im unteren Drittel ca. 15 Minuten backen. Anschließend aus dem Ofen nehmen, abkühlen lassen und herauslösen.

4 Für die Dekoration die Gelatine in kaltem Wasser 10 Minuten aufweichen. Währenddessen die Sahne steif schlagen. Eingeweichte Gelatine ausdrücken und in einem kleinen Topf unter ständigem Rühren erhitzen, bis sich die Gelatine aufgelöst hat. Wichtig ist, dass sie nicht kocht! Etwas abkühlen lassen und dann löffelweise die steife Sahne in die Gelatine einrühren.

5 Den Fondant mit so viel Lebensmittelfarbe verkneten, bis ein schönes Rosa entstanden ist. Etwas Stärkepulver auf einer Unterlage verteilen, den Fondant ausrollen und längliche Rechtecke schneiden. Die Rechtecke durch eine Zickzacklinie der Länge nach mit einem Messer teilen. Krönchen formen.

6 Gugl auf den Kopf stellen, darauf die Sahne zu Rosen spritzen, die Krönchen mit je 1 goldenen Zuckerperle mittig platzieren und die Gugl mit Dekorzucker verzieren.

Froschkönig-Gugl

1 Die Zutaten vor der Zubereitung auf Zimmertemperatur bringen. Gugl-Form mit Butter ausstreichen. Den Backofen auf 210 °C Ober-/Unterhitze vorheizen.

2 Butter, Puderzucker, das Ei, Orangenabrieb und -saft miteinander verrühren. Backpulver, Stärke und Mehl in einer extra Schüssel mischen und dann in den Teig einrühren.

3 Die Teigmasse mit einem Spritzbeutel in die Gugl-Form füllen und im vorgeheizten Backofen im unteren Drittel ca. 12 Minuten backen. Anschließend aus dem Ofen nehmen, abkühlen lassen und herauslösen.

4 Für die Dekoration die Butter mit dem Puderzucker und dem Orangenaroma verrühren, bis eine weißlich-cremige Masse entsteht. Den Backkakao dazugeben und gründlich einrühren. Den Frischkäse hineingeben und alles auf niedriger Stufe kurz vermengen. Creme in einen Spritzbeutel füllen und kalt stellen.

5 Aus dem Fondant 36 kleine weiße Kügelchen formen und mit dem Schokostift kleine Pupillen aufmalen. Restlichen Fondant mit grüner Lebensmittelfarbe färben und zu 36 kleineren und 18 größeren Kugeln formen. Die kleineren flach drücken und mit einem Zahnstocher Froschfüße formen. Die größeren bekommen Münder. Einzelteile aufeinanderkleben und kalt stellen.

6 Gugl auf den Kopf stellen, die Creme aufspritzen und die Frösche mit je 1 Zahnstocher mittig in die Gugl stecken.

Für 18 Gugl

20 g Butter für die Form
70 g Butter
65 g Puderzucker
1 Ei
Abrieb und Saft von 1 Bioorange
½ TL Backpulver
½ TL Stärke
95 g Mehl

Für die Dekoration

60 g Butter
60 g Puderzucker
Orangenaroma
2 TL Backkakao
60 g Frischkäse
weißer Fondant
Schokoladenstift in Zartbitter
grüne Lebensmittelfarbe
18 Zahnstocher

ZUBEREITUNGSZEIT:
ca. 1 Stunde plus Backzeit

SCHWIERIGKEITSGRAD: mittel

Dieses Rezept finden Sie auf Seite 24 abgebildet.

Monster-Gugl

Für 18 Gugl

20 g Butter für die Form
75 g Zartbitterschokolade
75 g Butter
50 g Puderzucker
2 Eier
10 g Vanillezucker
30 g Mehl
Abrieb von ½ Biozitrone

Für die Dekoration

100 g Butter
100 g Puderzucker
100 g Frischkäse
Lebensmittelfarben
(rot, blau, grün)
18–108 Zuckeraugen

ZUBEREITUNGSZEIT:
ca. 20 Minuten plus Backzeit

SCHWIERIGKEITSGRAD: leicht

1 Die Zutaten vor der Zubereitung auf Zimmertemperatur bringen. Gugl-Form mit Butter ausstreichen. Den Backofen auf 210 °C Ober-/Unterhitze vorheizen.

2 Die Schokolade in einem Wasserbad flüssig werden lassen. Sobald sie geschmolzen ist, die Butter hineingeben.

3 In einer Schüssel den Puderzucker, die Eier, den Vanillezucker, das Mehl und den Zitronenabrieb mit dem Handrührgerät verrühren. Den Schokoladen-Butter-Mix dazugeben und zu einer glatten Masse verrühren.

4 Teig mit einem Spritzbeutel in die Gugl-Form füllen und im vorgeheizten Backofen im unteren Drittel 12 bis 15 Minuten backen. Anschließend aus dem Ofen nehmen, abkühlen lassen und herauslösen.

5 Für die Dekoration die Butter mit dem Puderzucker in einer Schüssel zu einer cremigen Masse verrühren. Den Frischkäse unterheben und kurz vermengen. Die Masse auf 3 Schüsseln aufteilen und mit Lebensmittelfarben einfärben. Die gefärbten Cremes jeweils in einen Spritzbeutel füllen und verschiedene Tüllen benutzen, um unterschiedliche Monster zu gestalten. Auf die umgedrehten Gugl spritzen. Monster mit 1 oder bis zu 6 Augen dekorieren.

Tipp Wahlweise können in den Teig noch kleine Schokoladenstückchen oder gehackte Nüsse gegeben werden.

Erdbeermonster-Gugl

1 Die Zutaten vor der Zubereitung auf Zimmertemperatur bringen. Gugl-Form mit Butter ausstreichen. Den Backofen auf 210 °C Ober-/Unterhitze vorheizen.

2 Vanilleschote längs aufschlitzen und das Mark herauskratzen. Butter zerlassen und Vanillemark, den gesiebten Puderzucker, Ei und Sahne hineinrühren. Mehl sieben und unter die Masse heben. Erdbeerstückchen mit etwas Mehl bestäuben und mit dem Teig verrühren.

3 Teig mit einem Spritzbeutel in die Gugl-Form füllen und im vorgeheizten Backofen im unteren Drittel 12 bis 15 Minuten backen. Anschließend aus dem Ofen nehmen, abkühlen lassen und herauslösen.

4 Für die Dekoration Butter, Puderzucker und Vanillearoma luftig schlagen, bis die Masse eine weiße Creme ist. Frischkäse unterheben und kurz vermengen. Mit Lebensmittelfarbe grün färben, in einen Spritzbeutel füllen und kalt stellen.

5 Auf jede kleine Erdbeere mit dem Schokostift ein Oval malen. Trocknen lassen. In den Schokokreis Zähne mit dem weißen Dekorstift aufmalen.

6 Gugl auf den Kopf stellen, grüne Creme aufspritzen, mit Keksbröseln garnieren und je 1 Monstererdbeere daraufsetzen.

Tipp Lebensmittelfarbe in Pulverform ist ergiebiger und das Farbergebnis ist intensiver als bei flüssiger Lebensmittelfarbe.

Für 18 Gugl

20 g Butter für die Form
¼ Vanilleschote
35 g Butter
35 g Puderzucker
1 Ei
25 g Schlagsahne
40 g Mehl
40 g frische Erdbeeren in kleinen Stückchen

Für die Dekoration

60 g Butter
60 g Puderzucker
Vanillearoma
60 g Frischkäse
grüne Lebensmittelfarbe
18 kleine Erdbeeren
Schokoladenstift in Zartbitter
weißer Dekorstift
4 zerbröselte Schokokekse

ZUBEREITUNGSZEIT:
ca. 30 Minuten plus Backzeit

SCHWIERIGKEITSGRAD: mittel

31

Schoko-Chunk-Popcorn-Gugl

Für 18 Gugl

20 g Butter für die Form
45 g Butter
50 g Puderzucker
½ TL Vanillezucker
1 Ei
1 Eigelb
50 g Mehl
20 g Popcorn
50 g Schoko-Chunks
15 ml Milch
1 TL Honig

Für die Dekoration

60 g Butter
60 g Puderzucker
60 g Frischkäse
(z. B. Philadelphia® mit Milka)
54 Schoko-Chunks
Karamellsauce
Zuckerperlen
30 g Popcorn

ZUBEREITUNGSZEIT:
ca. 45 Minuten plus Backzeit

SCHWIERIGKEITSGRAD: schwer

1 Alle Zutaten vor der Zubereitung auf Zimmertemperatur bringen. Die Gugl-Form mit Butter ausstreichen. Backofen auf 210 °C Ober-/Unterhitze vorheizen.

2 Butter zerlassen, Puderzucker, Vanillezucker, Ei, Eigelb und Mehl zu einer schaumigen Masse verrühren.

3 Popcorn mit den Händen grob zerkleinern und mit den Schoko-Chunks, Milch und Honig in die Masse geben. Teig mit 2 kleinen Löffeln in die Gugl-Formen geben und zwischendurch rütteln, sodass sich der Teig gut verteilt. Form ins untere Drittel des Ofens geben und die Gugl 15 bis 20 Minuten backen. Die Gugl sind fertig, wenn sie goldbraun sind.

4 Für die Dekoration die Butter mit dem Puderzucker in einer Schüssel verrühren, bis eine cremige Masse entsteht. Den Frischkäse unterheben und vorsichtig vermengen.

5 Schoko-Chunks in Karamellsauce tauchen und dann in Zuckerperlen wenden.

6 Die Gugl auf den Kopf stellen und je 1 kleine Kuppel aus Frischkäsecreme darauf formen. Popcorn in die Creme stecken und jeweils 3 Zuckerperlen-Schoko-Chunks mit Hilfe der Karamellsauce auf das Popcorn kleben.

Tipp Je länger die Schoko-Chunk-Popcorn-Gugl auskühlen, desto besser bekommt man sie aus der Form. Absoluter Garant: einfrieren und dann herausdrücken.

Fußballer-Gugl

1 Die Zutaten vor der Zubereitung auf Zimmertemperatur bringen. Gugl-Form mit Butter ausstreichen. Den Backofen auf 210 °C Ober-/Unterhitze vorheizen.

2 Butter erhitzen und den gesiebten Puderzucker einrühren. Das Ei untermengen. Mehl sieben und mit dem Salz sukzessive in die Masse einrühren. After Eight dazugeben. Gut rühren, sodass die After-Eight-Stückchen nicht mehr aneinanderkleben.

3 Teig in die Gugl-Form füllen und im vorgeheizten Backofen im unteren Drittel ca. 13 Minuten backen. Anschließend aus dem Ofen nehmen, abkühlen lassen und herauslösen.

4 Für die Dekoration die Butter mit dem Puderzucker verrühren, bis eine cremige Masse entsteht. Diese mit grüner Lebensmittelfarbe grasgrün einfärben. Frischkäse dazugeben, alles kurz vermengen und in einen Spritzbeutel geben. Kalt stellen.

5 Schokolade und After Eight im Wasserbad schmelzen und die abgekühlten Gugl mit der Schokomasse bepinseln.

6 Aus dem Fondant 18 gleich große Kugeln formen und mit dem Lebensmittelstift Fünfecke aufmalen. Mit der grünen Creme einen Rasen auf die umgedrehten Gugl spritzen und die Fußbälle darauf platzieren.

Tipp Wenn die Schoko-After-Eight-Mischung nicht flüssig genug ist zum Streichen, etwas Kokosfett oder Butter hinzufügen und kontinuierlich umrühren, bis sich die Masse gut auftragen lässt.

Für 18 Gugl

20 g Butter für die Form
50 g Butter
45 g Puderzucker
1 Ei
60 g Mehl
1 Prise Salz
4 klein gehackte After-Eight®-Täfelchen (ca. 25 g)

Für die Dekoration

70 g Butter
70 g Puderzucker
grüne Lebensmittelfarbe
70 g Doppelrahmfrischkäse
50 g Zartbitterschokolade
5 After-Eight®-Täfelchen (ca. 30 g)
180 g weißer Fondant
schwarzer Lebensmittelstift

ZUBEREITUNGSZEIT:
ca. 45 Minuten plus Backzeit

SCHWIERIGKEITSGRAD: mittel

🎁 🎁 🎁 🎁 🎁 🎁 🎁 🎁 🎁 🎁 🎁 🎁 🎁 🎁 🎁 🎁

Ballerina-Gugl

Für 18 Gugl

20 g Butter für die Form
1 Ei
35 g Puderzucker
55 g Butter
1 Prise Salz
80 g Mehl
20 g gemahlene Mandeln
1 TL Zitronenabrieb
7 EL Zitronensaft
60 g Kiwi

Für die Dekoration

weißer Fondant
rote Lebensmittelfarbe
runde Ausstechform
(ca. 5 cm Durchmesser)
herzförmige Ausstechform
(ca. 3 cm Durchmesser)
Zahnstocher

ZUBEREITUNGSZEIT:
ca. 1 Stunde plus Backzeit

SCHWIERIGKEITSGRAD: mittel

1 Die Zutaten vor der Zubereitung auf Zimmertemperatur bringen. Gugl-Form mit Butter ausstreichen. Den Backofen auf 210 °C Ober-/Unterhitze vorheizen.

2 Ei, Puderzucker, Butter und Salz schaumig schlagen. Mehl, Mandeln, Zitronenabrieb, -saft und die geschälte, klein geschnittene Kiwi untermengen. Alles sehr gut miteinander verrühren.

3 Teig in die Gugl-Form füllen und im vorgeheizten Backofen im unteren Drittel ca. 12 Minuten backen. Anschließend aus dem Ofen nehmen, abkühlen lassen und herauslösen.

4 Für die Dekoration eine kleine Menge Fondant rosa einfärben und winzige Kügelchen formen. Den Fondant ausrollen und 18 runde sowie 18 herzförmige Stücke ausstechen. Die runden Stücke als Röckchen mit einem Zahnstocher rundherum eindrücken. Bei den Herzen die Spitze abschneiden und senkrecht in die Mitte der Röckchen stecken. Die rosa Kügelchen als Gürtel herumlegen.

5 Die Gugl auf den Kopf stellen und mit je 1 Ballerina dekorieren.

Tipp Rollfondant nicht in den Kühlschrank geben, da man ihn sonst nicht richtig modellieren kann. Falls die Masse bei Raumtemperatur zu hart sein sollte, einfach für 3 bis 5 Minuten bei niedriger Temperatur in den Backofen geben.

36

Cookie-Gugl

Kuchenteig ist feinporig und zart, wenn er gut
ist. Cookies hingegen sind eher wie Plätzchen:
mürbe und krümelig. Doch genau das lieben große
und kleine Cookie-Monster. Und für die habe ich
mir die Original-Cookie-Gugl-Kollektion ausgedacht. Selbstverständlich mit den klassischen
Cookie-Zutaten – zarte Schokoladenstückchen,
Plombenzieher aus Karamell und Feines mit
Vanille.

Tingel-Tangel-Cookie-Gugl

Für 18 Gugl

20 g Butter für die Form
Mark von ½ Vanilleschote
65 g Butter
40 g weißer Zucker
40 g brauner Zucker
1 Ei
80 g Mehl
1 Prise Salz
25 g Schokotröpfchen
2 EL Mini-Marshmallows

Für die Dekoration

Saft von 1 Zitrone
Puderzucker
Mini-Marshmallows

ZUBEREITUNGSZEIT:
ca. 25 Minuten plus Backzeit

SCHWIERIGKEITSGRAD: leicht

Dieses Rezept finden Sie auf Seite 38 abgebildet.

1 Die Zutaten vor der Zubereitung auf Zimmertemperatur bringen. Gugl-Form mit Butter ausstreichen. Den Backofen auf 210 °C Ober-/Unterhitze vorheizen.

2 Vanillemark, Butter, weißen und braunen Zucker schaumig schlagen. Das Ei in den Teig rühren. Das Mehl mit dem Salz mischen, hinzufügen und alles gründlich miteinander verrühren. Die Schokotröpfchen und die Marshmallows vorsichtig unter den Teig ziehen.

3 Den Teig mit 2 Teelöffeln in die Gugl-Form drücken und diese rütteln. Jede Vertiefung sollte zu ca. 2/3 befüllt sein. Die Gugl für 12 bis 15 Minuten im vorgeheizten Backofen backen. Anschließend die Cookie-Gugl gut auskühlen lassen, sonst bekommt man sie nur schwer aus der Form.

4 Für die Dekoration den Zitronensaft mit Puderzucker mischen, bis eine zähe Flüssigkeit entsteht. Die Glasur auf die Gugl streichen und nach Belieben mit den Mini-Marshmallows verzieren.

Tipp Marshmallows oder Schokotröpfchen kann man auch austauschen gegen Nüsse oder getrocknetes Obst.

Christmas-Cookie-Gugl

1 Die Zutaten vor der Zubereitung auf Zimmertemperatur bringen. Gugl-Form mit Butter ausstreichen. Den Backofen auf 210 °C Ober-/Unterhitze vorheizen.

2 Kuvertüre grob hacken und mit den Schokolinsen vermischen. Butter, weißen und braunen Zucker in einer Schüssel schaumig rühren. Vanillezucker, Salz, Zimt, Spekulatiusgewürz und Ei hinzufügen. Mehl darüber sieben und alles miteinander verkneten. Die Schokolinsen-Mischung einarbeiten.

3 Den Teig mit Hilfe von 2 Teelöffeln in die Gugl-Form drücken und diese rütteln und klopfen. Die Vertiefungen fast ganz voll machen und für 12 bis 15 Minuten in den vorgeheizten Backofen schieben. Anschließend die Cookie-Gugl gut auskühlen lassen.

4 Für die Dekoration die Vollmilchkuvertüre im Wasserbad schmelzen und die gewünschten Gugl-Tattoos damit befüllen. Kalt stellen.

5 Den Orangensaft mit Puderzucker und Zimt mischen, bis eine zähe Flüssigkeit entsteht. Die Glasur auf die Gugl tröpfeln, Gugl-Tattoos und Schokolinsen darauf kleben.

Tipp Ohne Zimt und Spekulatiusgewürz schmeckt dieser Gugl auch außerhalb der Weihnachtszeit!

Für 18 Gugl

20 g Butter für die Form
25 g Zartbitterkuvertüre
30 g Mini-Schokolinsen
125 g Butter
70 g weißer Zucker
30 g brauner Zucker
½ Päckchen Vanillezucker
1 Prise Salz
1 TL Zimtpulver
1 TL Spekulatiusgewürz
1 Ei
125 g Mehl

Für die Dekoration

60 g Vollmilchkuvertüre
Saft von 1 Orange
Puderzucker
Zimtpulver
Mini-Schokolinsen

ZUBEREITUNGSZEIT:
ca. 25 Minuten plus Backzeit

SCHWIERIGKEITSGRAD: leicht

Dieses Rezept finden Sie auf Seite 38 abgebildet.

Papageien-Cookie-Gugl

Für 18 Gugl

20 g Butter für die Form
45 g Butter
35 g brauner Zucker
1 Ei
1 Prise Salz
1 TL Backpulver
75 g Mehl
Lebensmittelfarben
(rot, gelb, türkis, grün)
Zahnstocher

Für die Dekoration

Saft von 1 Zitrone
Puderzucker
kleine Zuckerperlen

ZUBEREITUNGSZEIT:
ca. 20 Minuten plus Backzeit

SCHWIERIGKEITSGRAD: leicht

1 Die Zutaten vor der Zubereitung auf Zimmertemperatur bringen. Gugl-Form mit Butter ausstreichen. Den Backofen auf 210 °C Ober-/Unterhitze vorheizen.

2 Butter und Zucker schaumig rühren. Ei und Salz dazugeben. Backpulver und Mehl darüber sieben und alles verkneten.

3 Teig auf 4 Schüsseln aufteilen und mit den gewünschten Lebensmittelfarben einfärben. Je nach Vorliebe mehr oder weniger Lebensmittelfarbe benutzen.

4 Die gefärbten Teige anschließend in 4 Einwegspritztüten geben und die Gugl-Vertiefungen damit bunt zu ¾ befüllen. Zum Schluss mit einem Zahnstocher die verschiedenen Farben etwas ineinanderziehen. Ca. 12 Minuten backen. Anschließend die Cookie-Gugl aus dem Ofen nehmen, auskühlen lassen und vorsichtig herauslösen.

5 Für die Dekoration etwas Zitronensaft mit Puderzucker vermengen, bis eine zähe Flüssigkeit entsteht. Die Gugl am Rand mit der Glasur bestreichen und mit Zuckerperlen dekorieren.

Tipp Wer keine künstlichen Lebensmittelfarben benutzen möchte, kann den Teig auch mit pflanzlichen Lebensmittelfarben wie z.B. Rote-Bete-Pulver färben. Leider sind wirklich schöne bunte Farbresultate nur mit Lebensmittelfarben möglich.

Gespenster-Cookie-Gugl

1 Die Zutaten vor der Zubereitung auf Zimmertemperatur bringen. Gugl-Form mit Butter ausstreichen. Den Backofen auf 210 °C Ober-/Unterhitze vorheizen.

2 Oreo-Kekse mit dem Mixer zerkleinern. Die Vanilleschote längs aufschneiden und das Mark vorsichtig mit einem Messerrücken herauskratzen.

3 Die Butter schmelzen und mit dem Vanillemark und dem Zucker schaumig schlagen. Das Ei, die Milch und das Salz hinzugeben und rühren, bis der Teig cremig ist. Die pulverisierten Oreos unterheben und alles so lange miteinander vermischen, bis eine homogene Masse entstanden ist.

4 Den Teig mit Hilfe von 2 Teelöffeln in die Gugl-Form drücken und rütteln. Die Vertiefungen zu ¾ füllen und für 15 bis 20 Minuten in den vorgeheizten Backofen schieben. Anschließend die Cookie-Gugl gut auskühlen lassen.

5 Für die Dekoration den Frischkäse, das Vanillemark, Zitronenabrieb und -saft miteinander aufschlagen. Die Creme in einen Spritzbeutel füllen und auf die umgedrehten Gugl aufspritzen. Zum Schluss mit den Zuckeraugen dekorieren.

Tipp Falls Sie keine Zuckeraugen zur Hand haben, auf Oblaten mit einem schwarzen Lebensmittelstift Augen aufmalen, ausschneiden und in die Creme drücken.

Für 18 Gugl

20 g Butter für die Form
9 Oreo®-Kekse
½ Vanilleschote
50 g Butter
50 g weißer Zucker
1 Ei
20 ml Milch
1 Prise Salz

Für die Dekoration

150 g Doppelrahmfrischkäse
1 Msp. Vanillemark
1 TL Abrieb und Saft von
½ Biozitrone
Zuckeraugen

ZUBEREITUNGSZEIT:
ca. 30 Minuten plus Backzeit

SCHWIERIGKEITSGRAD: leicht

Plombenzieher-Cookie-Gugl

Für 18 Gugl

20 g Butter für die Form
30 g Butter
1 Prise Salz
25 g weißer Zucker
25 g brauner Zucker
1 Ei
90 g Mehl
30 g Schokotröpfchen
35 g Karamellbonbons

Für die Dekoration

Karamellsauce
15 g Karamellbonbons

ZUBEREITUNGSZEIT:
ca. 15 Minuten plus Backzeit

SCHWIERIGKEITSGRAD: leicht

1 Die Zutaten vor der Zubereitung auf Zimmertemperatur bringen. Gugl-Form mit Butter ausstreichen. Den Backofen auf 210 °C Ober-/Unterhitze vorheizen.

2 Die Butter, Salz und beide Zuckersorten schaumig rühren. Ei hinzufügen und weiterrühren. Das gesiebte Mehl und die Schokotröpfchen in den Teig kneten. Die Karamellbonbons in kleine Stückchen hacken und in den Teig geben.

3 Teig mit Hilfe von 2 Teelöffeln in die Gugl-Vertiefungen füllen. Im vorgeheizten Backofen im unteren Drittel ca. 13 Minuten backen. Anschließend aus dem Ofen nehmen, abkühlen lassen und herauslösen.

4 Die abgekühlten Gugl mit Karamellsauce beträufeln und mit klein gehackten Karamellbonbons dekorieren.

Tipp Am besten schmeckt selbst gemachte Karamellsauce. Die gesalzene Karamellsauce von Seite 60 ist einfach köstlich dazu.

Schoko-Bärchen-Cookie-Gugl

1 Die Zutaten vor der Zubereitung auf Zimmertemperatur bringen. Gugl-Form mit Butter ausstreichen. Den Backofen auf 210 °C Ober-/Unterhitze vorheizen.

2 Schokolade klein hacken und im heißen Wasserbad schmelzen. Butter, Zucker und Ei cremig schlagen. Mehl, Salz, Kakaopulver und flüssige Schokolade unterrühren, bis ein gleichmäßiger Teig entsteht. Zum Schluss die fein gehackten Karamellbonbons unterheben.

3 Schokoteig mit Hilfe von 2 Teelöffeln in die Gugl-Form füllen. Die Vertiefungen sollten fast voll sein. Der Teig geht ein bisschen auf.

4 Die Gugl ca. 12 Minuten backen. Anschließend die Cookie-Gugl aus dem Ofen nehmen, auskühlen lassen und vorsichtig aus der Form lösen.

5 Für die Dekoration den Zitronensaft mit Puderzucker vermengen, bis eine zähe Flüssigkeit entsteht. Die Gugl damit beträufeln und nach Lust und Laune mit Gummibärchen dekorieren.

Tipp Ein bisschen fruchtiger werden die Gugl, wenn man den Saft von ½ Bioorange und 1 Teelöffel Orangenabrieb in den Teig einrührt.

Für 18 Gugl

20 g Butter für die Form
80 g Zartbitterschokolade
70 g Butter
75 g brauner Zucker
1 Ei
65 g Mehl
1 Prise Salz
1 TL Kakaopulver
15 g Karamellbonbons

Für die Dekoration

Saft von 1 Zitrone
Puderzucker
Gummibärchen

ZUBEREITUNGSZEIT:
ca. 20 Minuten plus Backzeit

SCHWIERIGKEITSGRAD: leicht

Gugl hoch zwei

Das Mantra der feinsinnigen, erwachsenen Kreativen lautet sehr häufig: »Weniger ist mehr.«
Ganz anders bei den kleinen Kreativen: »Mehr ist
mehr« scheint stets das Motto zu sein, wenn Kinder und Gugl aufeinandertreffen. Und weil mehr
nicht unbedingt mehr Menge bedeuten muss, sondern auch mehr Ideen bedeuten kann, finden Sie in
diesem Kapitel alle Gugl-Rezepte, die Spaß hoch
zwei versprechen.

Gugl-Eis-Pops

Für 18 Gugl

100 g Himbeeren
120 g Mango
150 g Kiwi
9 EL Wasser
3 EL Zucker
18 Eisstäbchen

ZUBEREITUNGSZEIT:
ca. 15 Minuten plus
Gefrierzeit (mind. 3 Stunden)

SCHWIERIGKEITSGRAD: leicht

1 Die Himbeeren vorsichtig in Wasser schwenken, Mango und Kiwi schälen und klein schneiden. Die Früchte sortenrein nacheinander im Mixer pürieren. Früchtemuse in 3 Schüsseln geben.

2 Das Wasser in einem kleinen Topf mit dem Zucker erhitzen, bis sich dieser aufgelöst hat. Jeweils 3 Esslöffel Zuckerwasser in jede Musschale geben und untermischen.

3 Gugl-Vertiefungen gleichmäßig mit dem Himbeerpüree befüllen und in den Gefrierschrank stellen. Kurz anfrieren lassen, wieder herausnehmen und das Mangopüree gleichmäßig auf dem Himbeerpüree verteilen. Die zweite Schicht muss wiederum kurz in den Gefrierschrank.

4 Nachdem das Mangopüree auch angefroren ist, das Kiwipüree als letzte Schicht oben verteilen und die komplett gefüllten Gugl-Formen wieder in das Gefrierfach stellen.

5 Nach ca. 10 Minuten die Eisstäbchen in die Gugl-Formen stecken und die Eis-Pops mindestens 3 Stunden gefrieren lassen.

Tipp Die Pürees mit einem Teelöffel auf die Mittelstifte der Gugl-Formen löffeln, danach die Form leicht rütteln, damit sich die Masse gleichmäßig verteilt. Dann klebt nichts am Rand, und man bekommt eine schöne Streifenoptik.

Dieses Rezept finden Sie auf Seite 50 abgebildet.

Schoko-Popcorn-Gugl-Spieße

1 Weiße Schokolade im heißen Wasserbad schmelzen. Die Gugl-Vertiefungen zu ca. 1/3 mit Schokolade befüllen. Popcorn in eine Schüssel geben und mit den Händen etwas zerkleinern. Eine dünne Schicht Popcorn über die noch weiche Schokolade streuen und etwas festdrücken.

2 Vollmilchschokolade ebenfalls im heißen Wasserbad schmelzen. Die Gugl-Vertiefungen fast ganz damit befüllen. Zerkleinertes Popcorn auf die Schokolade streuen und festdrücken.

3 Die Masse im Kühlschrank mindestens 1 Stunde hart werden lassen. Aus den Formen drücken und pro Schaschlikspieß je 2 bis 3 Schoko-Popcorn-Gugl mit den Erdbeeren und den Weintrauben nach Belieben kombinieren.

Tipp Noch lustiger wird der Spieß durch bunte Zuckerperlen, die in die Schokolade eingestreut werden.

Dieses Rezept finden Sie auf Seite 50 abgebildet.

Für 6—9 Spieße

140 g weiße Kuvertüre
ca. 1 Handvoll Popcorn
170 g Vollmilchkuvertüre
6—9 Schaschlikspieße
ca. 12 Erdbeeren
ca. 12 grüne Weintrauben

ZUBEREITUNGSZEIT:
ca. 15 Minuten plus
Kühlzeit (mind. 1 Stunde)

SCHWIERIGKEITSGRAD: leicht

Saure Gummi-Gugl

Für 18 Gugl

300 ml klarer Saft (Kirschsaft,
Apfelsaft, Himbeersaft)
4 EL Zucker
2 EL Zitronensaft
1 Msp. Zitronensäurepulver
60 g sofort lösliche
Pulvergelatine

ZUBEREITUNGSZEIT:
ca. 10 Minuten plus Kühlzeit
(mind. 2 Stunden)

SCHWIERIGKEITSGRAD: leicht

1 Klaren Saft, Zucker, Zitronensaft und Zitronensäure zusammen in einem Topf erhitzen, aber nicht zum Kochen bringen. Je nachdem, ob man es saurer oder süßer mag, mehr Zucker oder mehr Zitronensäurepulver in die Flüssigkeit geben. Abschmecken.

2 Gelatinepulver hinzugeben und mit einem Schneebesen gut einrühren, bis sich alles gelöst hat. Die Flüssigkeit darf nicht kochen. Falls sich Schaum bildet, diesen mit einem Löffel abschöpfen. Gugl-Form auf ein Schneidebrett stellen, Vertiefungen mit der Flüssigkeit ganz befüllen und ca. 2 Stunden im Kühlschrank kalt stellen.

3 Falls die Gummi-Gugl sich nicht sofort aus der Form lösen, etwas heißes Wasser über die Gugl-Formen laufen lassen. Die Konsistenz der Gummi-Gugl ist weicher als bei gekauften Gummibärchen.

Tipp Den Saft kann man, je nach Geschmack, durch eine Sirup-Wasser-Mischung ersetzen. Unterschiedliche Farben bekommt man durch ein paar Tropfen Lebensmittelfarbe in die Flüssigkeit. Für vegane Gummi-Gugl die Gelatine durch Agar-Agar-Pulver ersetzen und die Dosierungsanleitung auf der Packung beachten.

Marshmallow-Gugl

1 Speisestärke und 2 Esslöffel Puderzucker gut vermischen. Die Gugl-Form mit der zerlassenen Butter ausstreichen und mit der Hälfte der Puderzucker-Stärke-Mischung ausstreuen.

2 Restlichen Puderzucker und den Vanillezucker in einer Rührschüssel mischen. Die Gelatine in einem Kochtopf unter ständigem Rühren mit dem Wasser erhitzen und kurz aufkochen lassen. Die heiße Flüssigkeit in das Vanille-Puderzucker-Gemisch gießen und mit dem Handmixer so lange aufschlagen, bis eine fluffige, aber auch fast cremige Masse entstanden ist. Das dauert bis zu 5 Minuten. Die Rührbesen sollten eine Spur in der Masse hinterlassen.

3 Die Gugl-Vertiefungen randvoll mit der Marshmallow-Masse befüllen. Falls gewünscht, vorher auf 3 Schüsseln aufteilen und mit Lebensmittelfarben einfärben. Bitte zügig arbeiten, damit sich die Masse leicht in die Formen gießen lässt und nicht zu fest wird.

4 Gugl-Form mindestens für 2 Stunden in den Kühlschrank stellen – je länger, desto besser. Beim Stürzen eventuell die Gugl-Ränder mit einem Messer lösen. Marshmallow-Gugl mit der restlichen Puderzucker-Stärke-Mischung bestäuben.

Tipp Am hübschesten sehen die Marshmallow-Gugl in Pastellfarben aus. Hierfür nur eine geringe Menge an Lebensmittelfarben benutzen.

Für 18 Gugl

1 EL Speisestärke
2 EL + 125 g Puderzucker
20 g Butter für die Form
1 Päckchen Vanillezucker
1 Päckchen Gelatinepulver
75 ml Wasser
eventuell Lebensmittelfarben als Pulver oder Gel
(rot, blau, gelb)

ZUBEREITUNGSZEIT:
ca. 15 Minuten plus Kühlzeit (mind. 2 Stunden)

SCHWIERIGKEITSGRAD: leicht

Vanillemilch & Nutellaeis-Gugl

Für 18 Gugl

1 l Milch
1 Vanilleschote
2 EL Zucker
210 g Schlagsahne
100 g Nutella®
2 TL Kakaopulver
1 Prise Salz

ZUBEREITUNGSZEIT:
ca. 15 Minuten plus Gefrierzeit (mind. 3 Stunden)

SCHWIERIGKEITSGRAD: leicht

1 Die Milch in einen Kochtopf geben. Die Vanilleschote längs halbieren und das Mark herauskratzen. Milch, Zucker und Vanillemark zusammen erwärmen, abkühlen lassen und in den Kühlschrank stellen. Die Milch schmeckt umso besser, je länger man sie ziehen lässt.

2 Sahne und Nutella bei Zimmertemperatur mit dem Kakaopulver und dem Salz verrühren. Die Flüssigkeit in den Gugl-Vertiefungen gleichmäßig verteilen und in den Gefrierschrank stellen.

3 Anschließend die Nutellaeis-Gugl und die Milch aus der Kühlung nehmen und zusammen servieren.

Tipp Die ausgekratzte Vanilleschote nicht wegwerfen, sondern weiterverwenden. In einen verschließbaren Behälter (z. B. ein leeres Marmeladenglas) Zucker und Schote geben, stehen lassen und immer mal wieder schütteln. Schon bald haben Sie Ihren eigenen Vanillezucker.

Gesalzene Karamellsauce

Für 500 ml Karamellsauce

400 g Zucker
200 g Butter
250 g Schlagsahne
2—3 TL Salz

ZUBEREITUNGSZEIT:
ca. 30 Minuten

SCHWIERIGKEITSGRAD: mittel

1 Zucker bei mittlerer Hitze in einem großen Topf unter ständigem Rühren zum Schmelzen bringen und weiter erwärmen, bis die Masse leicht braun ist.

2 Die weiche Butter in kleinen Portionen nach und nach dazugeben. Immer kräftig rühren, damit nichts anbrennt. Die Sahne dazugeben und weiterrühren. Die Masse könnte klumpig aussehen — durch das ständige Rühren und die Hitze lösen sich mögliche Klumpen aber auf. Also: immer weiterrühren!

3 Salz hinzugeben, die Karamellsauce in eine Schüssel umfüllen und abkühlen lassen. Noch ist ihre Konsistenz eher flüssig, aber wenn die Karamellsauce abgekühlt ist, wird sie wunderbar cremig.

Tipp Abgefüllt in Einmachgläser hält sich die Karamellsauce im Kühlschrank mindestens 2 bis 3 Wochen.

60

Meine Gugl-Rezepte

Zutaten   Zubereitung

Rezeptregister

Über dieses Buch

Redaktionsleitung
Silke Kirsch

Projektleitung
Eva Wagner

Layout, Gesamtproducing
grafikdesign hansen –
Jan-Dirk Hansen, München

Redaktion
Text & Form, Nicola v. Otto,
München

Bildredaktion
Annette Mayer

Korrektorat
Susanne Langer

**Umschlag- und
Verpackungsgestaltung,
Sourcing**
Norbert Pautner, Berlin

Reproduktion
Regg Media GmbH, München

Druck und Bindung
Anpak Printing Ltd., Hongkong

Printed in China

Verlagsgruppe Random House
FSC®N001967

ISBN 978-3-517-09463-2

Über die Autorin

Alle Texte stammen von Chalwa Heigl. Sie entdeckte, dass zwischen Praline und Kuchen Platz für einen neuen, riesigen Genuss ist — und hat den Gugl erfunden.

Mehr vom Gugl

Sollten Sie einmal keine Zeit oder Lust haben zu backen oder einem lieben Menschen das kleine Glück schenken wollen, können Sie nicht diese, aber andere leckere Gugl bestellen: **www.dergugl.de**. Werden Sie auch Fan vom Gugl: Auf Facebook erfahren Sie zuerst von unseren Neuigkeiten.

Hinweis

Die Ratschläge/Informationen in diesem Buch sind von Autorin und Verlag sorgfältig erwogen und geprüft, dennoch kann eine Garantie nicht übernommen werden. Eine Haftung der Autorin bzw. des Verlags und seiner Beauftragten für Personen-, Sach- und Vermögensschäden ist ausgeschlossen.

Impressum

1. Auflage ©2016 by Südwest Verlag, einem Unternehmen der Verlagsgruppe Random House GmbH, 81637 München.

Bildnachweis

Fotografie und Styling: Maja Smend, London, mit Ausnahme von:
Christian Martin Weiß (Seite 4)
Foodstyling: Bianca Nice, London

Auch erhältlich:
Feine Gugl, ISBN 978-3-517-08824-2
Feine SchokoGugl, ISBN 978-3-517-08823-5
Feine PartyGugl, ISBN 978-3-517-08972-0
Feine FestGugl, ISBN 978-3-517-09306-2